Could you live like a Tarahumara?

¿Podrías vivir como un tarahumara?

Author / Autor
Don Burgess

Photographs / Fotografías
Bob Schalkwijk & Don Burgess

Revised, bilingual edition of the Spanish edition of 1975
Edición bilingüe y revisado de la edición en español de 1975

BARRANCA PRESS

Could you live like a Tarahumara?

Yes, but it would be hard.

Sometimes you would have nothing to eat. There would be cold, sleepless nights, huddled close to a fire. And when you got sick, there would be little chance of finding a doctor.

But there are many beautiful things you would enjoy. Things you should know about even if you never do live exactly like a Tarahumara.

¿Podrías vivir como un tarahumara?

Claro, pero sería difícil.

A veces no tendrías nada que comer. Pasarías noches frías sin dormir, acurrucado junto al fuego. Y cuando te enfermaras, habría poca oportunidad de obtener buena atención médica.

Sin embargo, existen cosas maravillosas, de las que podrías disfrutar. Cosas que debes conocer, aunque nunca vivas exactamente como un tarahumara.

Where did Tarahumaras come from?

Long ago, the Tarahumaras lived "where the sun turns deep red and goes down into the ocean." They were part of a nomadic tribe slowly wandering down the western coast of Mexico. Those who moved on to the south became known as the Huichols, Coras and Aztecs. Those who stayed in the states of Sonora and Sinaloa are called the Yaqui and Mayo Indians.

Perhaps 3,000 years ago, a group broke away from the Yaqui-Mayo tribe and wandered into the mountains. Possibly they were escaping disease. There might have been fighting. Or maybe they were looking for food. They moved up into the deep canyons where some of them stayed, while others continued into the mountains, and others on to the high plains near today's Chihuahua City. When the Spanish colonizers moved north, those living in the eastern and northern areas retreated to the refuge of the mountains and canyons. These people are known today as the Tarahumaras.

¿Cuál fue el origen de los tarahumaras?

Antaño, los antepasados de los tarahumaras vivían "donde el sol se vuelve rojo y desaparece dentro del mar." Ellos formaban parte de un grupo nómada que gradualmente avanzaba por la costa occidental de México. Aquellos que llegaron al sur se les conoció como huicholes, coras y aztecas. Los que se establecieron dentro del área de los estados de Sonora y Sinaloa formaron los grupos llamados yaqui y mayo.

Hace tal vez tres mil años un grupo que pertenecía a los yaqui-mayo se desprendió y estableció su morada en las montañas. Posiblemente intentaba escapar de enfermedades o enemigos. O tal vez buscaba comida. Viajaron río arriba por los profundos barrancos. Algunos quedaron en la sierra y otros llegaron a las planicies cerca de donde hoy se levanta la Ciudad de Chihuahua. Cuando los españoles colonizadores se acercaban al norte, estos que vivían en las planicies regresaron a refugiarse en las montañas y barrancos. A estas personas se les conoció entonces por el nombre tarahumara.

What do the Tarahumaras call themselves?

They call themselves *Rarámuri/Ralámuli*. Some say the word has two parts – *ralá*, which means "foot," and *muri*, from the word *júmari*, "to run": The foot runners. But there are other possibilities. We are not really sure.

Whatever it means, the Tarahumaras consider themselves the most important people in the world. They tell a story about how they were made by God, while the other Mexicans were made by the devil. The devil, of course, could not give them life. God had to do that. But he did not give them much life. He only blew into them two times. When he gave Tarahumaras life, he blew into them three times. That is why Tarahumaras do not get sick and die as easily as other people.

¿Cómo se llaman los tarahumaras entre sí?

Se dicen *rarámuri/ralámuli*. Algunos explican que la palabra se compone de dos partes: *ralá*, que significa "pie," y *muri*, que viene de la palabra *júmari*, o "correr": El pie corredor. Pero hay otras posibilidades y no podemos estar seguros.

Sea el significado que sea, los tarahumaras se consideran los seres más importantes del mundo. En sus creencias aparece que ellos fueron creados por Dios, mientras que los demás mexicanos, según ellos, fueron hechos por el diablo. Pero el diablo, por supuesto, no les pudo dar vida. Dios tuvo que dársela. Pero no les dio mucha vida. Les sopló nada más dos veces. En cambio a los tarahumaras les sopló tres veces. Es por eso que los tarahumaras no se enferman ni se mueren tan fácilmente como las demás gentes.

Would you live in a town?

No. Tarahumaras live on *rancherías* scattered up and down the mountains and canyons. That is the only way they can find enough good land for farming.

The closest neighbor might be a mile away, or more. Friends might only see each other at fiestas, or races, or whenever people get together to work.

¿Vivirías en un pueblo?

No. Los tarahumaras viven en rancherías, dispersos por las laderas de las montañas y en los barrancos. Es la única forma en que pueden tener suficiente tierra para sus siembras.

El vecino más próximo a veces viviría a varios kilómetros de distancia. Los amigos se verían únicamente en fiestas o carreras, o cuando la gente se reune para trabajar.

How would you dress?

Many Tarahumara men of today wear a breech-cloth. It is a square piece of cloth folded into a triangle. One point of the triangle hangs in back, and the other is brought up between the legs. A heavy woolen sash is wrapped twice around the waist to hold everything together. Sandals are made from a piece of rubber tire and a long strip of leather. A folded piece of cloth tied around the head with the two ends hanging down in back keeps the hair neat.

In winter, to shield themselves against the freezing cold, they wrap up in heavy woolen blankets. The wool from ten sheep might go into one big blanket.

Other Tarahumaras do not dress like this anymore. They wear store clothes and hats which they themselves weave from palm leaves or buy in a store.

¿Cómo vestirías?

Muchos hombres tarahumaras usan zapeta. Esta es una pieza de tela cuadrada y doblada en triángulo. Una punta cuelga por atrás y la otra se coloca entre las piernas. Una faja pesada de lana se pasa dos veces alrededor de la cintura para cincharse. Los huaraches constan de un trozo de llanta de hule y una tira larga de cuero. Una banda ancha de tela, atada en torno a la cabeza con las dos puntas colgando, adorna el cabello.

En invierno, para protegerse del frío penetrante, se envuelven en una pesada cobija de lana. Se necesita la lana de diez ovejas para hacer una cobija grande.

Otros tarahumaras ya no se visten así. Usan ropa de tienda y sombreros de palma que tejen ellos mismos o compran en la tienda.

And how do the women dress?

Most of the women have not changed their traditional style of dress. They wear full, gathered cotton skirts, one on top of the other, and a loose blouse gathered at the yoke. They also wear woolen sashes and cloth headbands. And many wear sandals like the men do.

In the western part of the mountains, the women wear a narrow, tiered skirt. The blouse is tucked into a high waistband in the "empire" style.

¿Y cómo visten las mujeres?

La mayoría de las mujeres no han cambiado su manera tradicional de vestir. A veces usan varias faldas amplias, una encima de otra, y blusa abombachada, plisada en el cuello y en las mangas. También usan fajas de lana y bandas de tela en la cabeza, y algunas calzan huaraches, como los hombres.

En la parte occidental de la sierra, las mujeres tarahumaras usan faldas angostas con holanes y blusitas alforzadas al estilo "imperio".

Would you live in a cave?

Many Tarahumaras live in caves. They often build a wall across the front to keep out cold winter winds. Some caves make good homes. One such cave has three rooms – a kitchen, a storeroom and a bedroom. A small stream of water falls right into the middle of the cave, providing running water.

Other Tarahumaras build houses with rocks stacked on top of each other. For the roof, they hollow out logs, like a trough, and place one interlocking into the next one.

Still others make log cabins or adobe huts. For a roof, they might cut their own shingles from a pine tree.

They also build small storehouses, so well finished that not even a lizard can squeeze inside. The doors are closed by ingenious animal-proof wooden locks. In these, they store their harvest and keep their belongings.

¿Vivirías en una cueva?

Algunos tarahumaras viven en cuevas. Es común construir una pared a lo largo de la boca de la cueva para impedir el paso de los vientos fríos de invierno. Algunas cuevas son muy habitables. Una de tantas tiene tres habitaciones – una cocina, una bodega y una recámara. Una cascadita cae justo al centro de la cueva principal, brindándoles así el agua.

Otros tarahumaras construyen casas con piedras amontonadas y, como techo, ahuecan troncos llamados canoas y las colocan entrelazando una con otra.

Otros más hacen cabañas rústicas de troncos o de adobe. Como techado también se cortan rajas delgadas de madera de pino.

Con las mismas técnicas construyen bodeguitas, tan bien terminadas que ni una lagartija podría colarse. Estas tienen en sus puertitas cerrajes a prueba de animales y chapas ingeniosas de madera. En ellas almacenan las cosechas y guardan sus pertenencias.

Would you live in the same place all year round?

You would probably have two homes – a summer home in the mountains and a winter home in a canyon. The canyon home helps you escape the freezing winds of winter.

In the summer, you retreat up to the mountains to escape the scorching heat.

Two homes give you other advantages as well, like having different places to plant crops. Some foods, bananas and oranges for example, can grow in the canyons, but not in the mountains. Other foods, such as wheat, grow best in the mountains. So you have more variety of foods.

¿Vivirías en el mismo sitio todo el año?

Probablemente tendrías por lo menos dos hogares – el de verano en las montañas y el de invierno abajo en una barranca. Esto te ayudaría a escapar de los vientos helados del invierno.

En el verano regresarías a las alturas de las montañas para escapar del calor abrasador.

El tener dos casas te daría otras ventajas más, como la posibilidad de aprovechar diferentes lugares para sembrar. Algunos alimentos, por ejemplo plátanos y naranjas, crecen abajo en las barrancas pero no en las montañas. Otras cosechas, como el trigo, se dan mejor en las montañas. En ésta forma tendrías más variedad de alimentos.

Do Tarahumaras eat meat?

Each family owns a herd of goats, some sheep, and occasionally a cow or a pair of oxen. An animal is only killed when a ceremony is to be held: every part of the animal is eaten or put to use, including the horns and intestines.

Your daily food would come from what you plant: corn, beans, squash and wheat. Tarahumaras grow more than forty different foods. These include more than ten varieties of beans and as many kinds of corn. You would also depend on foods that grow wild. Tarahumaras recognize more than eighty edible wild plants. These are eaten in winter or spring, when the cultivated foods are scarce. In May, your diet might consist of roots, roasted maguey cactus and toasted worms from the madrone tree.

One common food is toasted corn, ground into a fine powder, called *pinole*. You carry it in a little bag and mix it with water to drink. People tell a story about a bear who choked to death eating *pinole*. He was stuffing the powder into his mouth when someone tickled him.

¿Comen carne los tarahumaras?

Cada familia posee un rebaño de cabras, algunos borregos y, a veces, una vaca o una yunta de bueyes. Un animal se mata únicamente cuando hay fiesta: todas sus partes se consumen o se aprovechan, incluyendo los cuernos y las tripas.

Tu comida cotidiana vendría de lo que siembras: maíz, frijoles, calabazas y trigo. Los tarahumaras cosechan más de cuarenta alimentos. Esto incluye más de diez variedades de frijol y las mismas de maíz. También contarías con las yerbas silvestres comestibles. Los tarahumaras conocen más de ochenta. Estas se comen durante el invierno y la primavera, cuando escasean las comidas que sembraron el año pasado. En mayo tu comida podría consistir de raíces, maguey asado y gusanos tostados del árbol de madroño.

Uno de los alimentos usuales es el *pinole*, un polvo fino hecho de maíz tostado. Lo cargas en una bolsita y lo tomas mezclado con agua. Cuentan que un oso se sofocó comiendo *pinole*. Estaba retacándose la boca con el polvo cuando alguien le hizo cosquillas.

Would you hunt with bow and arrows?

Only a few people still hunt with bow and arrows. Many have rifles. But wild animals are scarce. Tarahumaras are good at knocking squirrels out of trees with rocks. Squirrel meat, according to them, is one of the most delicious to eat, because these little animals live in trees close to heaven. Deer meat, it is said, is very tender because the deer is half human. They tell a story about how a man fell in love with a doe and married her. Tarahumaras have been known to chase a deer until it is exhausted. Sometimes they put pointed stakes on a steep, narrow trail and then scare the deer to make it run onto the stakes.

One way that fish are caught is by pounding certain plants with a rock and mixing the juice in a pool of water. The fish are drugged and come to the surface.

Tarahumaras also know how to follow a bee for several miles to find honey.

¿Cazarías con arco y flecha?

Sólo algunos tarahumaras cazan todavía con arco y flecha. Muchos tienen rifles. Pero los animales salvajes son escasos. Los tarahumaras tumban a las ardillas arrojando piedras. La carne de ardilla, según ellos, es de las más sabrosas, porque estos animalitos viven en los árboles cerca del cielo. La carne de venado, se dice, es muy tierna porque el venado es, en parte, humano. Cuentan que un hombre se enamoró una vez de una cierva y se casó con ella. Se sabe de tarahumaras que siguieron la pista a un venado hasta que éste cayó agotado. A veces colocan estacas muy afiladas en una vereda empinada y angosta, y enseguida persiguen al venado para que corra sobre las estacas.

Una de las maneras de pescar es la siguiente: machacan ciertas plantas con una piedra y las sumergen en el agua. Los peces se adormecen y flotan en la superficie.

Además, los tarahumaras saben cómo seguir a una abeja por varios kilómetros hasta encontrar los panales.

Is there a chief?

There is no leader of all the Tarahumaras. They live scattered over 30,000 square miles and most of them never see each other. In fact, those who live in the western part consider themselves the only Tarahumaras. They call the other Tarahumaras *Iweri*, or "mountain people".

Each community chooses a *gobernador*. One of his jobs is to be in charge of the fiestas, which must be held to please God. Another is to preside over local disputes. He is usually an older man who is very wise.

Some communities also have a *presidente*. He handles political matters dealing with the Mexican government.

The Mexican government has also set up a Supreme Council to help with problems in the Tarahumara region.

¿Existe algún jefe?

No hay ningún jefe de todos los tarahumaras. Viven dispersos y solitarios en un área de 50,000 kilómetros cuadrados. De hecho, los grupos que viven más al oeste se consideran como los únicos y verdaderos tarahumaras y llaman a los demás *iweri*, o sea "gente de la sierra".

Cada comunidad escoge un *gobernador*. Una de sus tareas es llevar a cabo las fiestas que deben celebrarse para alabar y contentar a Dios. Otro cargo es arbitrar y presidir en los juicios locales. Casi siempre es un hombre anciano y muy sabio.

Algunas comunidades escogen un *presidente*. El maneja los asuntos políticos relacionados con el gobierno mexicano.

El gobierno mexicano también ha formado un Consejo Supremo de la Tarahumara para ayudar a resolver problemas en la sierra.

How would you travel?

The easiest way to get up and down the mountains and canyons is to walk, especially when you have done this all your life and your leg muscles are strong.

Tarahumaras say they get the most tired walking on flat ground. You cannot tell how far you have gone on flat ground.

Some Tarahumaras now use horses and mules, but many of the trails are too dangerous for animals. Not very long ago, horses and mules were considered things of the outsiders and not to be used by Tarahumaras.

¿Cómo viajarías?

La forma más fácil para subir y bajar las montañas y barrancos es a pie, especialmente cuando lo has hecho toda tu vida y los músculos de tus piernas son fuertes.

Los tarahumaras dicen que se cansan más caminando en lo plano. No pueden calcular la distancia que han avanzado.

Algunos tarahumaras usan hoy en día caballos y mulas, pero muchos caminos son demasiado peligrosos para transitar con animales. Hace poco, los caballos y las mulas se consideraban como cosas de extraños que no debían ser usadas por tarahumaras.

How do Tarahumaras give directions and tell time?

Everything to the Tarahumara is either up river or down river, up the mountain or down the mountain. Using combinations of these directions, along with their words for distances, they can easily tell each other how to get somewhere.

To tell time, they watch the sun, moon and stars. They know where they should be at certain times of the day or night. Tarahumaras have no need to know the exact minute and second of the day. They have other ways to tell time. When talking about the time of night before dawn, they might say, "It is early: the rooster hasn't crowed yet."

¿Cómo conocen los tarahumaras las direcciones y el tiempo?

Para los tarahumaras todo queda río arriba o río abajo, cerro arriba o cerro abajo. Usando combinaciones de estas posibilidades, junto con las palabras que usan ellos para designar distancias, fácilmente se dan las direcciones uno al otro de cómo llegar.

Para saber el tiempo, miran el sol, la luna y las estrellas. Conocen dónde deben estar a determinada hora del día o la noche. Los tarahumaras no tienen necesidad de saber el minuto y segundo exactos. Tienen otros medios para saber el tiempo. Cuando hablan de la hora antes de que el sol se levante podrían decir: "Es temprano, todavía no canta el gallo."

What would you do if you got sick?

You would invite a medicine man to hold a curing ceremony for you. If he thought a witchdoctor had hexed you and taken away your soul, the medicine man might have a ritual dream in which he would go on a search for your lost soul. Then he would bring it back.

An especially bad sickness would require three ceremonies. An animal would be sacrificed at each ceremony.

They also say you lose your soul and get sick when something scares you, like a quail suddenly flying up by the trail. But the medicine man can get your soul back for you.

Other sicknesses are cured by using medicinal plants. Every Tarahumara knows many plants that can be used for medicine.

¿Qué harías si te enfermaras?

Invitarías a un curandero para que viniera a hacer una ceremonia de curación. Si él pensara que un brujo te ha hecho una brujería para quitarte el alma, podría soñar un sueño ritual en el que iría en busca de tu alma perdida. Entonces te la regresaría.

Una enfermedad muy grave exigiría tres ceremonias. En cada ceremonia se sacrificaría un animal.

Dicen que puedes perder el alma y enfermarte cuando algo te espanta como, por ejemplo, una codorniz que suelta el vuelo de repente ante tus pies. Pero el curandero te puede devolver tu alma.

Muchas enfermedades se curan también con yerbas medicinales. Los tarahumaras conocen muchas plantas que se pueden usar para medicina.

How do you become a medicine man?

You must have a dream. In the dream, you have to climb out on the end of a slender stalk of cane that is hanging over a high cliff. If you fall, you cannot become a medicine man.

Some Tarahumaras say that the little people who live under the ground help you become a medicine man. They offer you a choice of several colored balls. If you choose an ugly color, you will become a great medicine man. But if you choose a pretty color, you will become a bad witchdoctor.

¿Cómo podrías llegar a ser curandero?

Tienes que tener un sueño. En el sueño tienes que treparte a la punta de una varita de caña prendida de la orilla de una peña acantilada. Si te caes, nunca llegarás a ser curandero.

Algunos tarahumaras dicen que los duendecitos que viven bajo la tierra ayudan al que quiere ser curandero. Le dan a escoger entre varias bolas de colores. Si escoge una de un color desagradable, será un gran curandero. Pero si escoge una bola bonita se convertirá en un brujo malo.

Would your parents be strict?

Parents seldom spank a child. They do not need to. Most of what the Tarahumaras do is necessary for survival and mistakes are costly. Children learn early that they must do their part.

Traditional beliefs control children's behavior too. A boy will not run off to the deep pool of water to swim because of the huge snake that is said to live there. A child respects his grandparents because, if he does not, when a grandparent dies, his spirit might come back and make that child sick.

¿Tus padres sería estrictos?

Los padres casi nunca castigan a los hijos. No necesitan hacerlo. La mayor parte de lo que hacen los tarahumaras es necesario para su sobrevivencia, y los errores son costosos. Los niños aprenden a temprano edad que tienen que aportar su contribución.

Hay creencias que también controlan el comportamiento de los niños. Un niño no irá a nadar al río por miedo a la enorme serpiente que, se dice, vive allí. El pequeño respeta a sus abuelos porque, si no lo hace, cuando un abuelo muera puede regresar su espíritu y causarle una enfermedad.

What would be your first job?

Herding goats and sheep is your first job. In the morning you take them to pasture. You return in the late afternoon and put the animals in a corral. Good grass is hard to find, so the goats do not give much milk. What they do give is made into cheese.

Several sheep dogs help you take care of the animals. They have lived with the animals since they were puppies. They were taught to suckle a nanny goat instead of their real mother.

The way you fertilize your family's fields is to put your animals in a corral every night. Every few days, you move the corral to another part of the field. The manure fertilizes the field.

Boys and girls both herd the family animals. But when a girl is old enough to get married, her job ends. Too many young men know where to find the favorite pastures.

¿Cuál sería tu primer trabajo?

El cuidado de los rebaños de chivos y borregos. En la mañana tendrías que llevarlos a pastar. Regresarías al atardecer para encerrar a los animales en su corral. Como el pasto es pobre, los chivos dan poca leche. La que dan se utiliza para hacer queso.

Varios perros te ayudarían a cuidar el rebaño. Estos se criaron junto con los otros animales. A los cachorros se les enseña cómo mamar a una chiva en vez de a su propia madre.

La forma de fertilizar los campos es encerrar a los animales en un corral durante las noches; pocos días después el corral se cambia a otra parte del campo, y así sucesivamente, hasta que la superficie deseada queda cubierta de estiércol.

Niños y niñas trabajan como pastores, pero cuando la niña llega a la adolescencia deja este trabajo. Demasiados jóvenes conocen en dónde quedan las pasturas preferidas.

When would you be considered a grown-up?

Just as soon as a boy can handle grown up jobs, like plowing and planting, and supporting a family, he is considered an adult. His parents might give him land and animals.

A girl is usually considered a grown-up by the time she is able to have children. She might get married around the age of sixteen so she has to learn how to cook and take care of animals at an early age. Girls who are hard workers are the most sought after by the boys. Many women even plow, and they can own land and animals.

¿Cuándo te considerarían un adulto?

Tan pronto como un joven pueda trabajar como un adulto; por ejemplo, arando y sembrando, y cuando pueda mantener a una familia. Sus padres le podrían regalar tierras y animales.

Una niña se considera como adulta cuando puede tener hijos. Se podría casar alrededor de los dieciséis años, así es que tiene que aprender a cocinar y a cuidar el rebaño desde jovencita. Las niñas trabajadoras son las más populares. Muchas mujeres hasta saben arar, y también pueden ser dueñas de tierras y animales.

Would you have to work hard?

You would have to plow fields with a pair of oxen and a wooden plow, build log and rock fences to keep animals out of your fields, and chop fire-wood. The women also spend long hours making tortillas and washing clothes on flat rocks in the creek. And you might not get much sleep because of the coyotes who keep trying to carry off a baby goat. All of this is hard work and has to be done. Tarahumaras do not work regular hours. Their interest is simply to finish the work which they must do in order to survive. Sometimes they invite their friends over to help clear rocks out of a field: Everyone works part of the day and finishes the day with a party, drinking a fermented corn drink called *tesgüino*.

Many Tarahumaras do not like to work for outsiders or for money. They say money is heavy and will not let you get up to heaven. They are especially fearful about being paid to teach someone their language. Certain things, such as land and language, belong to God and should not be sold.

¿Tendrías que trabajar duro?

Tendrías que arar los campos con una yunta de bueyes y un arado de madera; tendrías que construir bardas de troncos y piedras para que los animales no se metan a las tierras aradas, y tendrías que partir leña. Las mujeres pasan largas horas haciendo tortillas y lavando ropa sobre una piedra del río. Y quizá tendrías que pasar noches velando para que los coyotes no se roben a un chivito. Todo esto es trabajo duro que hay que hacer. Los tarahumaras no trabajan a horas específicas. Su interés es terminar el trabajo que tienen emprendido y que les es necesario. A veces invitan a amigos para que ayuden a preparar un campo o a levantar la cosecha: Todos trabajan parte del día y terminan con una fiesta de tesgüino (una bebida fermentada de maíz).

A muchos tarahumaras no les gusta trabajar para extraños o para ganar dinero. Dicen que el dinero es pesado y no les dejaría subir al cielo. En especial, tienen miedo de recibir dinero por enseñar su idioma. Ciertas cosas, como tierra e idioma, son de Dios y no se deben vender.

What about getting married?

If a boy likes a girl and wants to get married, he can toss a pebble at her to make sure she knows about his interest. If she throws it back, then he knows that she is interested too.

Sometimes there is a marriage ceremony where headbands are exchanged and the parents give advice to the young couple. On other occasions the couple simply agrees to live together. Occasionally, marriages are arranged by the parents, but normally it's the young people who decide.

Most marriages last a lifetime, but not all. If a man sells a cow that belongs to his wife, that would be a good reason for his wife to leave him.

Some men have more than one wife. One old witchdoctor who had two wives became deaf. The people said it was because his wives talked so much.

¿Cómo y cuándo te casarías?

Si un muchacho le gusta alguna muchacha y quiere casarse con ella, podría aventarle una piedrita para que ella se dé cuenta de su interés. Si ella se la regresa, entonces sabe que ella también se interesa.

A veces hay una ceremonia de bodas en donde los padres dan consejos a los novios. Otras veces la pareja simplemente decide vivir junta. De vez en cuando los padres arreglan el noviazgo, pero normalmente son los jóvenes quienes deciden.

Casi todos los matrimonios duran toda la vida, pero hay excepciones. Si un hombre vendiera una vaca que es propiedad de su esposa, ésta sería una buena razón para el divorcio.

Algunos hombres tienen más de una mujer. Había un brujo con dos mujeres que se volvió sordo. La gente dice que fue porque sus esposas hablaban mucho.

Are dead people still buried in caves?

Some Tarahumaras still bury their dead in caves. The body is wrapped in a blanket and placed in the cave along with a few possessions. The front of the cave is sealed with rocks and mud.

Most Tarahumaras bury their dead in cemeteries. First the body is washed and dressed in clean white muslin clothes. Then it is tied on a stretcher and taken to the cemetery. As the body is being taken to the cemetery, everyone runs. The violin and guitar players run and play at the same time.

When someone dies, ceremonies are held to feed the dead person's spirit and help it on its way to heaven. Three ceremonies are held for a man and four for a woman. Why? Men walk faster than women.

¿Todavía entierran a los muertos en cuevas?

Algunos tarahumaras todavía entierran a sus muertos en cuevas. Envuelven el cadáver en una cobija y lo colocan en la cueva con unos cuantos objetos de uso diario. Luego sellan la entrada de la cueva con lodo y piedras.

Muchos tarahumaras entierran a sus muertos en cementerios. Primero lavan al muerto y lo visten con ropa limpia de manta blanca. Luego lo amarran a una camilla y lo llevan al cementerio. Todos corren cuando llevan un muerto al cementerio. Los músicos que tocan el violín y la guitarra corren y tocan al mismo tiempo.

Cuando alguien muere, se celebran ceremonias para alimentar el alma del muerto y ayudarlo en su camino al cielo. Celebran tres ceremonias para un hombre y cuatro para una mujer. ¿La razón? Porque los hombres caminan más rápido que las mujeres.

What happens if you break a rule?

Stealing corn is one of the worst offences. You would be brought before the *gobernador* and his helpers. Your case would be discussed. If they thought you were not going to stop stealing, your punishment might be ten lashes across the back with a leather whip, or you might be put in jail for a few days.

In any case, the *gobernador* would administer a stern scolding in front of all the community.

¿Qué pasa si rompes un reglamento?

Robarse el maíz es una de las peores ofensas. Te llevarían ante el *gobernador* y sus ayudantes. Discutirían tu ofensa. Si llegaran a la conclusión de que no ibas a parar de robar, tu castigo podría ser diez latigazos en la espalda con un chicote de cuero, o podrían encerrarte algunos días en la cárcel.

En todo caso, el *gobernador* te daría una fuerte regañada enfrente de todo el pueblo reunido.

What would be your religion?

In some parts of the region, the people believe in a father-god, who is identified with the sun, and a mother-god, who is identified with the moon. The people from the region of the Chínipas River tell a legend of how the sun used to rise at night just as the moon does now; and the moon shone all day. So the people from this area relate the moon with a father-god and the sun with a mother-god.

People must do many things in order to enjoy the favor of the gods. People must dance, sacrifice animals and drink corn beer. Special ceremonies are held to keep animals from getting sick and for the crops to grow well. A special dance is held so that the rains will come.

Tarahumaras are also very careful not to waste food, because this would displease god. He would not give you a good crop the following year. In fact, everything Tarahumaras do is part of their religion.

¿Cuál sería tu religión?

En algunas partes de la región, la gente cree en un dios-padre que se identifica con el sol y en una diosa-madre que se identifica con la luna. La gente de la región del río Chínipas relata la leyenda de cómo antes el sol salía en la noche igual que lo hace ahora la luna; y la luna, en cambio, brillaba todo el día. Así es que la gente de esos lugares relacionan el dios-padre con la luna y la diosa-madre con el sol.

Habrá que hacer muchas cosas para disfrutar del favor de los dioses. Hay que bailar, sacrificar animales y beber tesgüino. Hay ceremonias especiales para curar y proteger a los animales, ceremonias para curar la siembra y una fiesta especial para que venga la lluvia.

También son muy cuidadosos en no desperdiciar la comida, porque esto disgustaría a dios. Entonces él podría mandar una mala cosecha para el año siguiente. En resumen, todo lo que hacen los tarahumaras está ligado a su religión.

What are considered good manners?

When you come up to a house, you never knock. Only spirits do that. You simply say *Kwira* and sit down outside, not too close to the house, and wait for someone to come out and greet you. If no one comes out, after a while you leave.

You always shake hands with people you meet. But you do not grab their hand; you touch the palm of their hand with your fingertips. Grabbing a hand is what two lovers might do.

You always share your food. And if a traveler stops at your house to spend the night, you give him a mat to sleep on.

Being loud and boisterous is not considered good manners. And you should not go around poking your nose into other people's business. Tarahumaras enjoy their solitary freedom.

¿Qué se considera de buena educación?

Cuando te presentas en alguna casa, nunca debes tocar a la puerta. Esto lo hacen nada más los espíritus. Sencillamente dices *Kwira* y te sientas afuera, no muy cerca de la casa, hasta que salgan a saludarte. Si no sale nadie, después de un rato te vas.

Siempre les das la mano a las gentes que encuentras. Pero no les das un apretón; les tocas la palma de la mano con las puntas de tus dedos. Agarrarse de la mano es lo que haría una pareja de enamorados.

Siempre compartes tu comida. Y si llega algún viajero a pasar la noche, le darás un petate para dormir.

La gente ruidosa y estrepitosa se considera mal educada. Y no deberías de meterte en lo que no te importa. Los tarahumaras disfrutan de su libertad a solas.

What sports would you play?

Team sports occupy a very important and exciting place in the life of the Tarahumaras. Old and young alike participate. Races where each team slings a wooden ball with their feet have been known to last for more than 24 hours. One race crosses a waist-deep river thirty times. In another game, each team member has a yard-long curved, wooden stick shaped like a spoon. The object of the game is to scoop up a small, wooden ball and hit it across a goal. The field includes streams, rocks, and trees. And it is at least a mile long. At Easter, wrestling matches are held between the "Pharisees," the "Moors" and the "Jews." The "Jews" have to lose or the winds will blow away the clouds and the rains will not come.

Women have their own sport: a race that lasts for hours. Each team has a round hoop, woven of grass, which the team member picks up with a stick with a curve at one end and slings ahead of her.

¿Qué deportes practicarías?

Los deportes en equipos ocupan un lugar muy importante y emocionante en la vida del tarahumara. Todos participan. Se han visto carreras donde los hombres arrojan una bola de madera con los pies, que duran más de 24 horas. En una cierta carrera los corredores pasan 30 veces por un río, y el agua les llega hasta la cintura. En otro deporte, cada miembro del equipo tiene un palo de un metro de largo y curvo, en forma de cuchara. El objeto del juego es recoger una bolita de madera y golpearla hasta el otro lado de la meta. El campo de juego incluye ríos, rocas y árboles, y tiene casi dos kilómetros de extensión. Durante la Semana Santa, en algunas regiones se celebran luchas libres entre los llamados "Fariseos," los "Moros" y los "Judíos." Los "Judíos" tienen que perder, si no los vientos se llevarían las nubes y no vendrían las lluvias.

Las mujeres tienen su propio deporte: una carrera que dura horas. Cada equipo tiene un aro redondo hecho de sacate. Las jugadoras deben recogerlo y lanzarlo al frente con una varita en forma de gancho.

Would you like music?

The Tarahumaras love music. They learned how to make violins and guitars from the first priests and Spanish settlers. They make them with native wood, using an ax, a machete, and a knife.

The native instruments are drums, flutes and rattles, which are used on certain occasions.

Another, unusual, instrument is made from a curved stalk of a yucca plant. One or two violin strings are tied on the stalk. One end of the stalk is placed in the mouth and the strings are plucked or stroked with a violin bow.

Tarahumaras like to sing too. They sing a lot when they are by themselves. Tarahumaras sing about nature and everyday life. Some songs are funny. At fiestas, a chanter sings while the women dance to his music.

¿Te gustaría la música?

A los tarahumaras les encanta la música. Aprendieron cómo hacer violines y guitarras con los primeros padres y colonizadores, y hacen estos instrumentos con madera de la región, usando hacha, machete y cuchillo.

Los instrumentos autóctonos son tambores, flautas y sonajas que se tocan durante ciertas fiestas.

Otro instrumento, poco usual, se fabrica con el tallo curvo de una yuca, a la cual se amarra una o dos cuerdas de violín. Un extremo del tallo se coloca en la boca y las cuerdas se rasguean con los dedos o con un arco de violín.

A los tarahumaras también les gusta el canto. Cantan mucho cuando se encuentran solos. Las canciones de los tarahumaras tratan de la naturaleza y de las cosas cotidianas. Algunas canciones son cómicas. En las fiestas un hombre canta con sonaja mientras que las mujeres bailan.

Would you enjoy the beautiful landscape that surrounds you?

Tarahumaras are scared of many things in nature. Rainbows are said to steal children. They also marry women and cause them not to have babies.

Whirlwinds are evil spirits that will make a child sick if it gets caught in one.

Certain plants have to be fed food and played music. If you mistreat them, something bad might happen to you.

And when you are walking along in the forest, you had better look out for the little people, who live under the ground. They can cause bad things to happen to you as well.

¿Disfrutarías el hermoso paisaje que te rodea?

Los tarahumaras se espantan con muchas manifestaciones de la naturaleza. Dicen que el arcoiris se roba a los niños y que éste se casa con algunas mujeres, lo que da como resultado que no puedan tener hijos.

Los torbellinos son malos espíritus; cuando llegan a envolver a algún niño le causan enfermedad.

Algunas plantas necesitan ofrendas de comida y música. Si las maltratas, puede ocurrirte alguna desgracia.

Si estás caminando solo en el bosque, tienes que cuidarte de los duendecitos que viven bajo la tierra. Ellos también pueden ocasionarte algún daño.

What is the language of the Tarahumaras like?

Most of the sounds are similar to those found in Spanish. But the Rs are distinct. You will need to roll your tongue back and then release it toward the teeth. There is also another sound that doesn't exist in Spanish. It is produced in the throat and is called a glottal stop.

The most complicated aspect of the language is the verb. *Rewálegaraguru* is an example. This verb means: "Someone told me that they saw it and it is true." In Spanish, we could put one ending on the verb, for example "comer – comió," that would indicate the past tense. But in Tarahumara, it is possible to add up to seven endings to a verb!

¿Cómo es el idioma de los tarahumaras?

La mayoría de los sonidos son similares al castellano. Pero las erres son distintas. Hay que enrollar la lengua para atrás y luego soltarla hacia los dientes. Hay otro sonido que no existe en español. Se produce en la garganta y se llama oclusión glotal o saltillo.

Lo más complicado del idioma son los verbos. *Rewálegaraguru* es un ejemplo. Quiere decir: "Alguien me dijo que lo vio y es cierto." En español podríamos poner una terminación al verbo, por ejemplo, "comer – comió," que lo colocaría en el tiempo pasado. ¡Pero en la lengua de los tarahumaras es posible poner hasta siete terminaciones al verbo!

rewá	*-le*	*-gara*	*-guru*
see / ver	past tense / tiempo pasado	the information is second hand / información de segundo mano	true / verdad

What is funny to a Tarahumara?

Tarahumaras have learned to laugh at their own hardships. When someone slips or falls on the trail, everyone lets out a big laugh. Some people say this helps to ward off evil.

One of their most favorite stories is about the poor man who always tricks the rich man into giving him food.

They also laugh at a person who is doing something they do not like. This is a sort of mean way of making the person stop.

¿Qué hace reír a un tarahumara?

Los tarahumaras han aprendido a reírse de sus penas. Cuando alguien se resbala o se cae en la vereda, todos sueltan la carcajada. Unos dicen que así hacen para correr al diablo.

Uno de sus chistes preferidos trata de un hombre pobre que siempre engaña al hombre rico haciendo que le dé de comer.

También se ríen cuando una persona está haciendo algo que no les gusta. Esta es una manera un poco desagradable de forzar a la persona a suspender esa actividad.

Could anyone start living in Tarahumara country?

No. As in many parts of Mexico, Tarahumara country is mostly divided into *ejidos*. These are large parcels of land and everyone who lives there has certain rights in common, such as the exploitation of the forest. No one can move into an *ejido* without the permission of the people who already live there.

Many Mexicans who are not Tarahumaras also live in Tarahumara country. They have lived there for various generations and are legal members of the *ejidos*.

¿Podría cualquier persona establecerse en la región tarahumara?

No. Como en muchas regiones de México, la región tarahumara está dividida en ejidos. Estos comprenden grandes extensiones de tierra y todos los individuos que pertenecen al ejido tienen ciertos derechos en común, como es la explotación del bosque. Ningún extraño puede establecerse en un ejido sin el permiso de la comunidad ya establecida.

Muchos mexicanos que no son tarahumaras viven también en la región tarahumara. Hace varias generaciones que sus familias están establecidas en la región y son miembros legales de los ejidos que les corresponden.

Are Tarahumaras changing?

Government and church agencies, lumber mills, the railroad and roads are all bringing new ways to the Tarahumaras. The Tarahumara way of life is beginning to change.

The question is: Will these changes be helpful or will they be harmful to the Tarahumaras?

You can help the changes be positive. You can learn to appreciate the good things of Tarahumara life. You can learn that Tarahumaras are people who should be respected, just like everyone else. And you can help others learn to be respectful too.

You should learn to appreciate the good things in your own way of life as well. Then, if you ever do live with the Tarahumaras, you can share your life with them. And both of you can change together.

¿Están cambiando los tarahumaras?

Las misiones del gobierno y de la iglesia, los aserraderos, el ferrocarril y la carretera, todos están introduciendo cambios en la región de los tarahumaras. Está empezando a cambiar la cultura tarahumara y la manera tradicional de enfrentarse a la vida.

El problema que se plantea es el siguiente: ¿serán estos cambios beneficiosos o perjudiciales a los tarahumaras mismos?

Tú puedes ayudar a que estos cambios sean positivos. Puedes aprender a apreciar las cosas valiosas de la vida tarahumara. Debes darte cuenta que los tarahumaras son personas con derecho al respeto, igual que cualquier otra gente. Y tú puedes ayudar a los demás a aprender esto también.

También deberías aprender a apreciar las cosas buenas de tu propia vida. Entonces, si algún día llegaras a convivir con los tarahumaras, podrías compartir tu vida con ellos. Y ambos podrían cambiar juntos.

Dedication:

We thank the many Tarahumaras who discussed their culture with us and allowed us to take photographs during the 1960s and early 1970s.

Dedicación:

Agradecemos a los muchos tarahumaras que discutieron su cultura con nosotros y nos permitieron tomar fotografías durante los años sesenta y al principio de los setentas.

Sierra Tarahumara

About the Author and the Photographers:

First published in Spanish in 1975, this introduction to the Tarahumara or Ralámuli culture was written by Don Burgess, translated into Spanish by Nina Lincoln, and illustrated with photographs by Bob Schalkwijk and Don Burgess.

Don Burgess has written numerous books for and about the Tarahumara of Chihuahua, Mexico. Born in Texas, he is a linguist/translator of Ralámuli, who has lived in the Sierra since the 1960s.

Bob Schalkwijk moved to Mexico from the Netherlands in 1958. Three books about the Tarahumara, their landscapes and people published in 1975, 1985 and 2014 distinguish his work. To date, his more than 400,000 photographs span 45 countries.

Sobre el autor y los fotógrafos:

Publicado por primera vez en español en 1975, esta introducción a la cultura tarahumara o ralámuli fue escrita por Don Burgess, traducida al español por Nina Lincoln e ilustrada con fotografías de Bob Schalkwijk y Don Burgess.

Don Burgess ha escrito numerosos libros para y sobre los tarahumaras de Chihuahua, México. Nacido en Texas, es lingüista y traductor del ralámuli que ha vivido en la Sierra desde la década de 1960.

Bob Schalkwijk llegó a México de Holanda en 1958. Entre sus publicaciones destacan tres libros de la tarahumara, sus paisajes y habitantes publicados en 1975, 1985 y 2014. Hasta la fecha, su acervo se conforma por más de 400,000 fotografías de 45 países.

Page – Place, Photographer

Página – Localización, Fotógrafo

Front Cover/Portada – Narárachi, B.S.
2 – Near/Cerca de Cerocahui, D.B.
4 – El Divisadero, B.S.
6 – Basigochi, B.S.
8 – Choguita, B.S.
10 – Tehuerichi, B.S.
12 – Huahuachérare, B.S.
14 – Romígarachi, B.S.
16 – Tehuerichi, B.S.
18 – Tehuerichi, B.S.
20 – Barranca del Urique, D.B.
22 – Narárachi, B.S.
24 – Between/Entre Romígarachi and/y Narárachi, B.S.
26 – Barranca de la Sinforosa, B.S.
28 – Rocoroibo, D.B.
30 – Choguita, B.S.
33 – Tehuerichi, B.S.
35 – Narárachi, B.S.
37 – Barranca del Urique, D.B.
39 – Napuchi, B.S.
41 – Choguita, B.S.
43 – Rocoroibo, D.B.
45 – Tehuerichi, B.S.
47 – Rocoroibo, D.B.
49 – Munérachi, D.B.
51 – Rocoroibo, D.B.
53 – Tehuerichi, B.S.
55 – Basaseachi, B.S.
57 – Tehuerichi, B.S.
59 – Tehuerichi, B.S.
61 – Basaseachi, B.S.
63 – Samachique, D.B.
Back Cover/Contraportada – Munérachi, D.B.

B.S.: Bob Schalkwijk

D.B.: Don Burgess

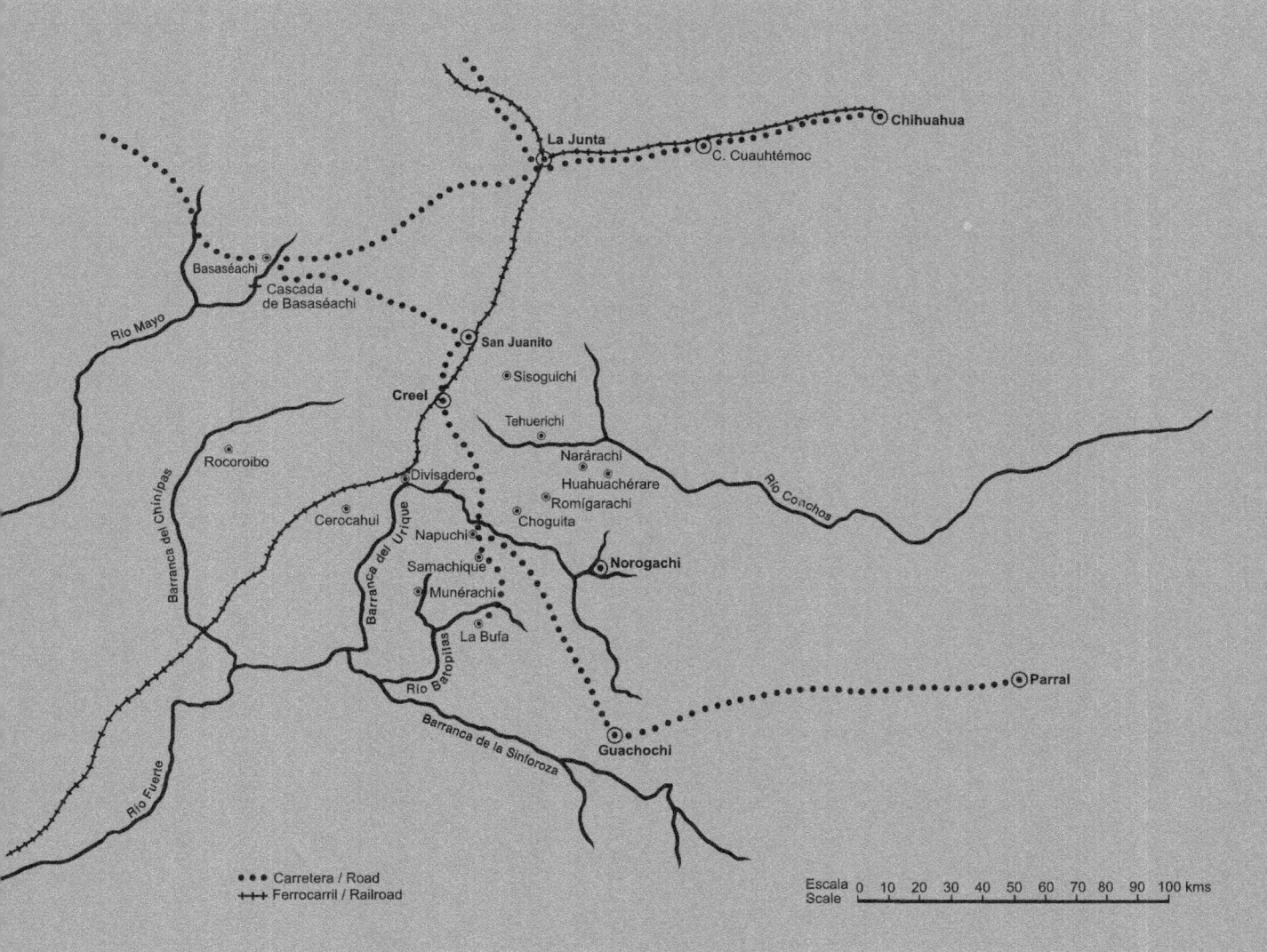

Bilingual text copyright © 2015 by Don Burgess. Photographs copyright © 1975 by Bob Schalkwijk and Don Burgess. All rights reserved.

This book may not be reproduced in whole or in part, by any means (with the exception of short quotes for the purpose of review), without prior permission of the publisher. For information, address Barranca Press in Taos, New Mexico via editor@barrancapress.com.
Designed by LMB Noudéhou.
www.barrancapress.com

Second Edition, November 2017
Bilingual, revised edition of the Spanish edition of 1975 (Bob Schalkwijk, México, D.F.). Spanish edition edited by Nina Lincoln, with graphic design by Rafael Davidson.

ISBN: CL – 978-1-939604-19-4
PBK – 978-1-939604-18-7

Library of Congress Control Number: 2015945084

Subject Areas: Tarahumara History and Culture; Native North Americans, Social Life and Customs; Mexico; Multicultural nonfiction.

For worldwide distribution.
Printed in the United States of America.

Derechos de autor de la edición bilingüe copyright © 2015 por Don Burgess. Derechos de autor de las fotografías copyright © 1975 por Bob Schalkwijk y Don Burgess.
Todos los derechos reservados.

Este libro no puede ser reproducido en su totalidad o en parte, por cualquier medio (con la excepción de citas cortas con el propósito de hacer una crítica), sin la autorización previa del editor. Para obtener información, contacta a Barranca Press en Taos, New México por medio de editor@barrancapress.com.
Diseño gráfico de LMB Noudéhou.
www.barrancapress.com

Segunda edición, noviembre de 2017
Edición bilingüe y revisado de la edición en español de 1975 (Bob Schalkwijk, México, D.F.). Edición en español editado por Nina Lincoln, con diseño gráfico de Rafael Davidson.

ISBN: CL – 978-1-939604-19-4
PBK – 978-1-939604-18-7

Número de Control de la Biblioteca del Congreso: 2015945084

Áreas temáticas: Historia y cultura de los tarahumaras; la vida social y costumbres de los indígenas americanos; México; No-ficción multicultural.

Para su distribución mundial.
Impreso en los Estados Unidos de América.